(N° 252)

Vente du Vendredi 17 Novembre 1911

HOTEL DROUOT — SALLE N° 7

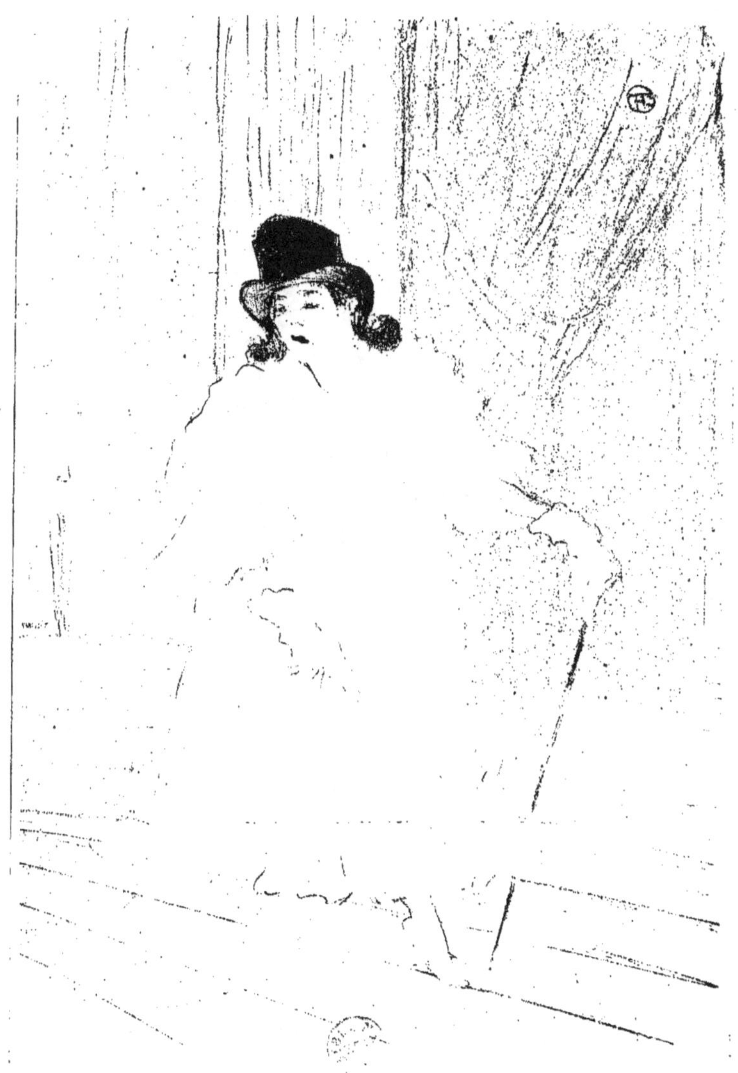

N° 32 du Catalogue.

ESTAMPES & DESSINS

Mᵉ PAUL BIZOUARD   M. LOYS DELTEIL

FRAZIER-SOYE

GRAVEUR-IMPRIMEUR

153-155-157, Rue Montmartre

PARIS

CATALOGUE

DES

ESTAMPES

Dessins, Aquarelles, etc.

ANCIENS & MODERNES

Dont la vente aura lieu

à Paris, HOTEL DROUOT, Salle N° 7

Le Vendredi 17 Novembre 1911

à 2 heures précises

Par le ministère de M° PAUL BIZOUARD,

COMMISSAIRE-PRISEUR

18, Rue Duphot, 18

Assisté de M. LOYS DELTEIL, Graveur et Expert

2, Rue des Beaux-Arts

CONDITIONS DE LA VENTE

Elle sera faite au comptant.

Les adjudicataires paieront *dix pour cent* en sus des enchères.

M. Loys Delteil remplira les commissions que voudront bien lui confier les amateurs ne pouvant y assister.

MM. les amateurs pourront visiter la collection, 2, *rue des Beaux-Arts*, du Lundi 13 au Jeudi 16 Novembre 1911, de 2 heures à 5 heures.

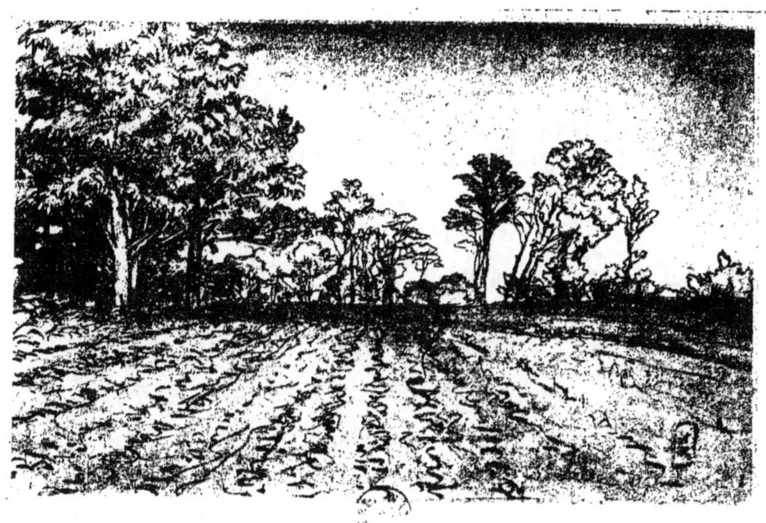

N° 98 du Catalogue.

DÉSIGNATION

ESTAMPES

ALBERT (A.) — MOREL (P.) — GILBERT

1. Au Théâtre — Pierrot — La Vieille — Parisienne, monotype — Un Cavalier, d'apr. Meissonier. Cinq pièces.

AUGRAND (Parfait)

2. La Jardinière — La M^{de} de Poissons. Deux pièces *imp. en couleurs.*

BENWELL (d'apr.)

3. St James's Beauty, épr. *tirée en bistre* (sans marges). Encadrée.

BESNARD (P. A.)

4. La plus Haute expression d'un sentiment vague —
Le Coucher de la poupée. Deux pièces. Très belles
épreuves.

BONNET (L. M.)

5. La Danse. Très belle épreuve, *imp. en couleurs.*
Encadrée.

BOUTET (Henri)

6. Sujets divers, 3 dessins et 3 estampes, *signés.*

BRACQUEMOND (F.)

7. Cladel (Léon). Très belle épreuve.

BUNBURY (d'apr. H.)

8. *The Song,* par Laurede, ép. tirée en *2 tons* et *coloriée.* Encadrée.

CARRIÈRE (Eugène)

9. Lecture. Très belle épreuve, *signée.*

CHÉRET, VUILLARD, CARRIÈRE, REDON, etc.

10. Sujets divers, 16 pièces. Belles épreuves.

GROUX (Henry de)

11. Jacinthe. Lithographie rehaussée de pastel, signée.
Encadrée.

12. Le Patriotisme, lith. rehaussée de pastel, *dédicace.*

DE GROUX (H.) — D'ESPAGNAT (G.)

13. Allégories et compositions diverses, 17 pièces.
Très belles épreuves, *signées.*

DEMARTEAU (G.)

14. Dame brodant, d'apr. L. C. de Carmontelle (n° 336).
Belle épreuve, *tirée en sanguine.* Encadrée.

DIVERS

15. Louis XVI (chez Basset) — Bonaparte en costume de Consul, par Bonneville — *A Correct view of the new machine...* Trois pièces. Belles épreuves, *coloriées*.

16. Le Menuet de la Mariée — La Noce au château — Foire de village — Le Bal Paré — Le Concert. 6 pl. *reproductions* de gravures du XVIII⁰ siècle. Encadrées.

DUTAILLY (d'apr.)

17. La Promenade du Matin, par Chaponnier. Belle épreuve *imp. en couleurs*, avec rehauts. Encadrée.

ÉCOLES ANGLAISE & FRANÇAISE (XVIIIᵉ siècle)

18. Sujet gracieux, épr. *imp. en couleurs*, sans marges. Encadrée.

19. Déclaration d'Amour — L'Aveugle trompé — La Jardinière. Trois pièces de Le Prince, Caresme, Schneider (deux imp. en couleurs).

ÉTIENNE (Adrien)

19 *bis*. Farniente. Épreuve *imp. en couleurs, signée* et *numérotée*. Encadrée.

GAUJEAN (E.) — MORDANT — BROWN (J. L.)

20. L'Abandonné, par Gaujean, d'apr. L. Deschamps, dédicace — Le Doreur, par Mordant, d'apr. Rembrandt — La Vedette — Les 2 Grenadiers. Quatre pièces. Très belles épreuves.

HERVIER (G.)

21. Les Saltimbanques — La Lessive, etc., 4 pl. Belles épreuves.

HUET et CARESME (d'apr. J. B.)

22. La Troupe ambulante des rues de Paris — Le
Marchand d'orviétan de campagne. Deux pièces
par Bonnet se faisant pendants. Belles épreuves,
imp. en couleurs, sans marges. Encadrées.

IBELS (H. G.)

23. Scènes diverses, programmes et titres de romances.
Trente pièces. Belles épreuves, la plupart *signées*.

24. Scènes diverses, titres de romances. Quarante
pièces, y compris 3 dessins.

ISABEY (d'apr. J. B.)

25. Le Départ — Le Retour. Deux pièces par Darcis,
se faisant pendants. Épreuves *avant toute lettre*,
encadrées.

JANINET (J. F.)

26. Le Rendé vous, d'apr. Benazech. Belle épreuve,
imp. en couleurs. Encadrée.

KAUFFMAN (d'apr. Angélica)

27. Maria — Louise Hammond. Deux pièces par
L. M. Pariset, se faisant pendants, *imp. en couleurs*.
Encadrées.

28. *Cymon and Iphigenia* — *Porrigit hic veneri
lucida dona Pâris*. Deux pièces par Legrand, se
faisant pendants. Encadrées.

LAUTREC (H. de Toulouse)

29. Antigone. Très belle épreuve, *timbrée* (nᵒ 9).

30. May Belfort à l'Irish Ber. Belle épreuve, *timbrée* et
numérotée.

31. Brandès et Le Bargy, dans Cabotins. Très belle
épreuve, *timbrée* (nᵒ 18).

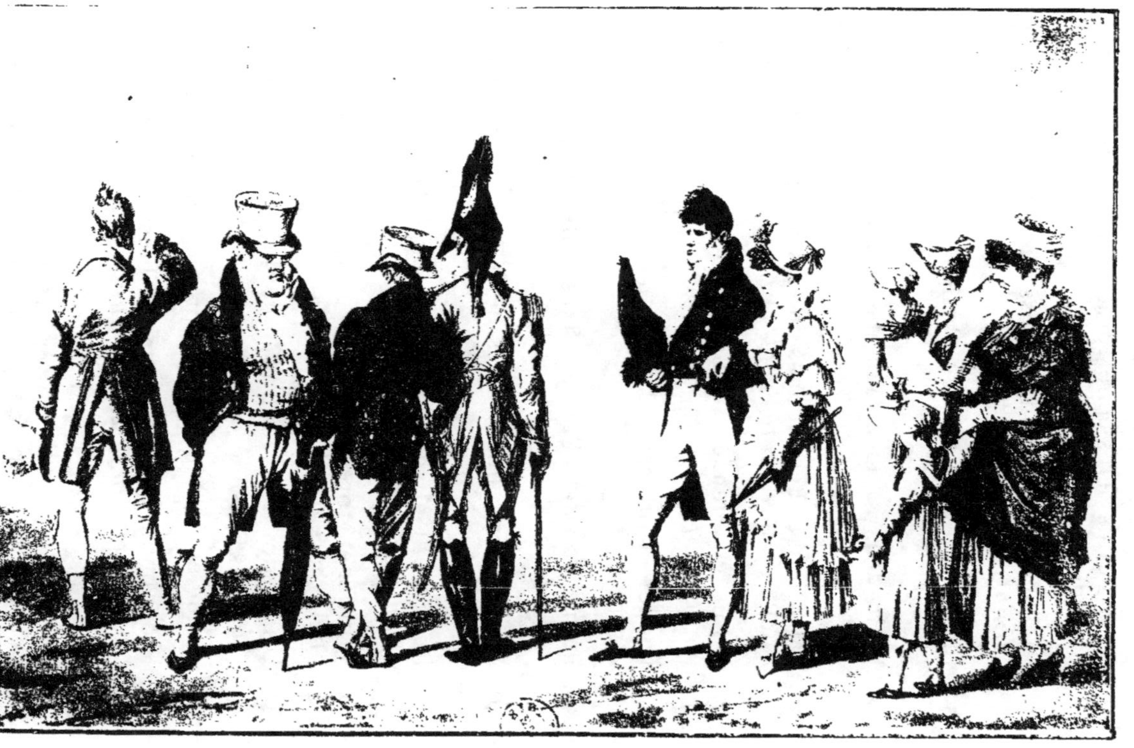

N° 64 du Catalogue.

32. Cecy Loftus. Très belle épreuve sur chine, *signée* (n° 20).

33. La Goulue et Valentin le désossé. Très belle épreuve *timbrée* et *numérotée*.

34. Ida Heath au Bar. Très belle épreuve, *timbrée* (n° 5).

35. Judic dans sa loge. Très belle épreuve, *timbrée* (n° 16).

36. Lavallière et Lender dans une revue aux Variétés. Belle épreuve, *numérotée* et *timbrée*.

37. Leloir et Brandès, dans Cabotins. Très belle épreuve, *timbrée* (n° 19).

38. Lender et Brasseur. Très belle épreuve, *timbrée* (n° 18).

39. Lugné Poe dans l'Image. Très belle épreuve *timbrée* (n° 16).

40. May Belfort saluant. Très belle épreuve, *timbrée* (n° 18).

41. Réjane et Galipeaux — Sur la Tige. Deux pièces, *numérotées* et *timbrées*.

42. Truffier et Moreno, dans les Femmes savantes. Très belle épreuve, *timbrée* (n° 13).

43. Une Redoute au Moulin Rouge. Très belle épreuve, *timbrée* (n° 2).

44. Yahne et Antoine. Belle épreuve, *timbrée* (n° 5).

45. Programme du Missionnaire. Très belle épreuve du 1ᵉʳ état, *imp. en couleurs, signée* et *numérotée*.

46. Yvette Guilbert — Procès Arton, 3 pl. — Antoine et Gémier — Au-dessus des forces humaines. Six pièces (3 *numérotées*).

47. La Valse des Lapins — Babylone moderne — La Terreur de Grenelle. Trois pièces. Belles épreuves, *timbrées*.

48. TITRES DE ROMANCES : Sagesse — Étude de Femme — Carnot malade — Ultime ballade. Huit pièces. Très belles épreuves *avant la lettre, signées* (2 *tirées en couleurs*).

49. Pauvre pierreuse — Ta bouche — Nuit blanche — Petit trottin, etc. Neuf pièces. Tres belles épreuves *avant la lettre, signées.*

LEGRAND (Augustin)

50. Le Travail — L'Étude — La Prière — La Pénitence Quatre pièces. Encadrées.

LEVACHEZ

51. La Perruque enlevée. Epreuve *coloriée*. Encadrée.

LUCE

52. Scènes d'Intérieur — Portraits de Pissarro — Croquis divers. Six pièces. Très belles épreuves. *Signées.*

MOREAU LE JEUNE (d'après J. M.)

53. La Rencontre au Bois de Boulogne, par H. Guttenberg. Belle épreuve *avec les lettres A. P. D. R.*

MORLAND (d'ap. G.)

54. Histoire de Lœtitia. Quatre pièces publiées par F. P. Cook, 1792. Belles épreuves *tirées en bistre.* Encadrées.

RAFFAELLI (J. F.)

55. Dans la banlieue. Très belle épreuve *tirée en bistre*, avec la mention : *Imp. par moi et M. Leroy — 1 à 50 — n° 5. J. F. Raffaelli.* Encadrée.

RŒDEL (A.)

56. Sujets divers, menus, etc., 31 pièces.

ROPS (F.)

57. Ma goutte (137). Très belle épreuve *avec les vers, transcrits par Rops. Signée.* Encadrée.

58. La Diligence d'Uccle, variante — Pallas (62), *état non terminé, retouché au crayon* — Le Semeur de Paraboles (130) — La Grève, petite pl. (121) — Uylenspiegel, 2 pl. Ensemble six pièces.

59. Histoire de la Ste Chandelle d'Arras — Le Grand et le petit Trottoir — Rimes de joie — Menu — Petite peleuse de pommes de terre. Cinq pièces. Belles épreuves.

SPORTS

60. Sujets de chasse, 6 petites pl. *coloriées*, sous un même cadre.

61. Sujets de Chasse, 6 pièces. Encadrées.

VALLOTTON (F.)

62. Les Chanteurs — Au Violon — Baudelaire — Verlaine. Quatre pièces (2 *signées*).

VIGNON (Victor)

63. L'Eglise — Natures mortes, 3 pl. *signées*.

VERNET (d'ap. C.)

64. *Oh! c'est bien ça,* par Levachez. Epreuve encadrée.

WILLETTE (Adolphe)

65. Adresses d'Hériot -- La Vache enragée — Titres de romances. Douze pièces. Belles épreuves.

WILLETTE (A.) — STEINLEN

66. Sujets divers, adresses, titres de romances. 17 pièces. Belles épreuves.

DESSINS, AQUARELLES, etc.

ANONYME (débuts du xixᵉ siècle)

67. Portraits d'une Famille. Quatre dessins de forme
ovale, rehaussés. Encadrés.

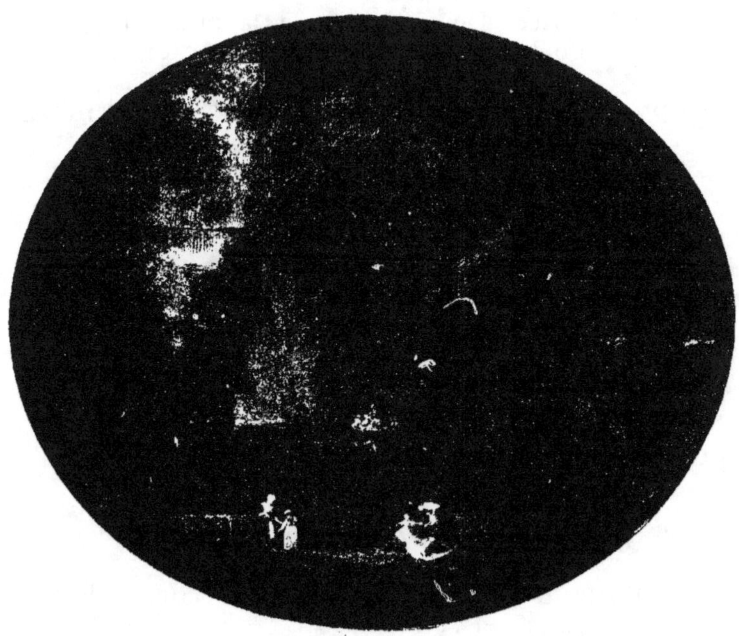

N° 79 du Catalogue.

ANQUETIN

68. Femme nue, de dos — Femme en pied, assise.
Deux dessins à la sanguine, *signés*.

69. L'Incendie, 2 compositions différentes formant
pendants. Pastels. Signés. Encadrés.

ANQUETIN — MUCHA — SOMM

70. Cinq dessins. Signés.

BOTTINI (George)

71. Danseuse. A l'encre de chine. Signé. Encadré.

BOULANGER (G.)

72. Allégories. Deux dessins à la mine de plomb. Griffe de la vente. Sous le même cadre.

CAPY — RANFT — HEIDBRINCK — LEONNEC BAER

73. Sept dessins. *Signés.*

CHÉRET (J.)

74. La Danse. Esquisse peinte. Signée. Encadrée.

DILLON (H. P.)

75. A la recherche d'un frère, projet d'éventail. Aquarelle gouachée. Signée. Encadrée.

ECOLE ESPAGNOLE (xviiiᵉ siècle)

76. Portraits de J. Manuel Fos et de Tomasa Ricoxd. Deux pastels. Encadrés.

ÉCOLE FRANÇAISE (xviiiᵉ siècle)

77. Scène de Théâtre. Gouache. Encadrée.

GARNIER (Jules)

78. Le Modèle à la campagne. Peinture. Signée, dédicace. Encadrée.

GOUACHES (fin du xviiiᵉ siècle)

79. Intérieurs de Paris. Deux gouaches de forme ovale, formant pendants. Encadrées.

GOUSSÉ (Henri)

80. Le petit Chaperon rouge. Aquarelle gouachée. Signée. Encadrée.

GUILLAUME (Albert)

81. Scènes de Mœurs. Deux dessins à l'encre de chine. *Signés*. Encadrés.

GUYS (C.)

82. Filles de joie. Fusain et encre de chine. Encadré.

JEANNIOT (Georges)

83. Espagnol. Peinture, *signée*. Encadrée.

LEPIC (Vicomte)

84. Les Barques. Peinture. Signée.

MAUFRA (Maxime)

85. Houle et Brume. Peinture. Signée et datée : 1890.

MISTI

86. Soupeuse. Pastel. Signé. Encadré.

MORIN (Louis)

87. Paris vivant. A la plume. Signé.

88. Fillette sur la grève. Aquarelle. Signée. Encadrée.

89. Venise, le jour. Pastel. Signé. Encadré.

MUCHA

90. La Châtelaine — Le Troubadour. Deux dessins aquarellés et gouachés. *Signés*.

PIET (Fernand)

91. Enfants au Square Montholon, 1903. Peinture. Signée. Encadrée.

PILLE (Henri)

92. La Diligence. Aquarelle. Signée. Encadrée.

RAFFET (A.)

93. Costume militaire. Crayon rehaussé d'aquarelle.

RANFT (Richard)

94. Au Bal Masqué. Pastel. Signé. Encadré.

REDON (Georges)

95. Liseuse. Aquarelle gouachée. Signée. Encadrée.

96. Musique. Sanguine en forme d'éventail. Encadrée.

RIVIÈRE (Henri)

97. Les Arbres. Aquarelle. Signée. Encadrée.

98. Terres labourées (Automne). Aquarelle. Signée. Encadrée

ROPS (Félicien)

99. Têtes de Femmes. Deux dessins à la plume, l'un au verso d'une lettre. Daté : *Hollande septentrionale 73*, l'autre signé des initiales.

ROPS (F.) ?

100. Au Cabaret. Croquis aquarellé, signé : *F. R. d'après Meissonnier* (sic). Encadré.

SOMM (Henry)

101. Parisienne. Aquarelle. *Signée*.

102. Fantaisie japonaise, éventail. Aquarelle. *Signée*.

103. Pensées d'amour — Au Japon. Deux aquarelles. *Signées*.

SUNYER (Joachim)

104. Combat de Taureau, Madrid. Pastel. Signé. Encadré.

VERNET (d'après Carle).

105. Costumes Militaires Russes et Prussiens — Un Courrier. Trois copies à l'aquarelle. Encadrées.

VIOLLET-LE-DUC (A.)

106. Bords de rivière. Peinture. Encadrée.

WILLETTE (Ad.)

107. Fantaisie. Crayon noir. Signé. Encadré.

108. Cantonnier de Seine-et-Marne. 2 aquarelles portant la fausse signature de Charlet. Encadrées.

109. Nymphe et Satyre — Portrait — Scène Militaire. Trois peintures.

110. Sous ce numéro, il sera vendu dix-sept peintures, dessins et estampes encadrés.

111. Sous ce numéro, il sera vendu un certain nombre d'estampes et de dessins par divers artistes.

FRAZIER-SOYE

GRAVEUR-IMPRIMEUR

153-157, RUE MONTMARTRE

PARIS